AF338812

A MON FILS;

SUR MA

CONDUITE POLITIQUE.

A PARIS.

De l'Imprimerie de LAURENS aîné, rue Dauphine,
Nº. 32.

Mai 1816.

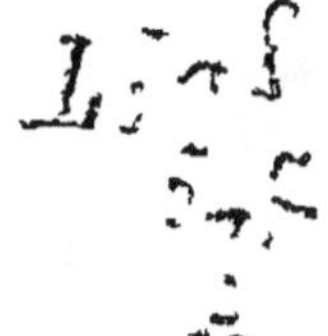

A MON FILS,

SUR MA

CONDUITE POLITIQUE.

Mon fils, le premier, le plus durable effet des révolutions, est de déplacer les hommes; ce déplacement blesse les amours-propres, provoque les ambitions, irrite l'envie.

Celui qui, au sein de la tourmente, fut appellé à manœuvrer le vaisseau de l'État, est rarement bien jugé par ses contemporains; le tems seul qui ramène le calme, rétablit la vérité.

J'ai eu le malheur, mon fils, de remplir, durant le cours de la révolution qui finit, d'importantes fonctions. Ce malheur (car c'en est toujours un de sortir d'une paisible obscurité) est compensé à mes yeux par le sentiment du bien que j'ai fait, et de la constante pureté de mes intentions qui m'a préservé du mal, là où le bien n'était plus en mon pouvoir.

Pourtant je vois la calomnie s'attacher à mon nom.

Déjà de misérables libellistes, pareils à ces oiseaux de proie qui épient la fin du combat pour déchirer sans danger, les vainqueurs et les vaincus, dénaturent mes actions, travestissent mes discours.

Qui répondrait pour moi quand je ne serai plus ?

Vous même, ô mon fils, vous défenseur, né de l'honneur paternel, comment répondriez-vous à ceux qui voudraient outrager ma mémoire, si je ne vous laissais point un tableau fidèle de ma conduite politique ?

Tel est l'objet de cet écrit :

Exempt d'ambition, riche de trop d'expérience pour n'être pas fort au-dessus des faiblesses de la vanité, je ne cherche point à donner de l'éclat à ma vie ; mais je ne m'abaisserai pas au langage d'une fausse modestie. Vous saurez, mon fils, qu'après avoir vécu sans reproches, je peux mourir sans remords, et en vous léguant un nom auquel s'attacheront d'honorables souvenirs.

Je fus tour-à-tour :

Avocat ;

Député aux États du Languedoc, en septembre 1783 ;

Commissaire du Roi pour organiser le département de l'Aude.

Premier procureur - général - syndic de ce département.

Commissaire du Roi, près le tribunal criminel.

Député, en l'an 4, au Conseil des Cinq-Cents ; et réélu en l'an 7.

Délégué du pouvoir exécutif, dans le Midi, après le 18 brumaire.

Membre et président du tribunat dont je présidais d'abord la section des finances ;

Sénateur le 14 août 1807 (1).

Procureur-général près le Conseil du Sçeau des titres, le 26 mars 1811 ;

Pair de France, le 3 juin 1814 ;

Nommé à la Chambre des Pairs de Buonaparte, le 2 juin 1815.

---

(1) Les 25 thermidor an 12 et 1er. octobre 1806, le collége électoral du département de l'Aude, m'avait nommé son premier candidat au sénat.

Ainsi la biographie imprimée en 1815, chez Alexis Emmery, a commis deux erreurs de fait, lorsqu'elle a dit de moi que j'avais été président d'une administration de district et membre de l'assemblée législative.

Les auteurs de cette biographie auraient mieux fait de remarquer à travers cette succession rapide des charges publiques dont je fus réellement honoré, qu'elle est interrompue au moment où le crime, consommé sur le meilleur des Rois, devint le signal de tous les crimes. La proscription qui m'atteignit alors, n'est pas le moindre honneur que la révolution m'ait procuré.

Mais on voulait me prêter d'autres sentimens; la même galerie biographique me peint avide de distinctions et prodigue de *courbettes*.

Mes distinctions se réduisent cependant au grade de *commandant de la légion d'honneur*, qui fut attaché de *droit* à la présidence des diverses sections du tribunat, et au titre de *comte* qui fut attaché de *droit* à la qualité de sénateur.

Car je ne parle pas ici des fonctions que j'ai remplies, fonctions déférées en grande partie

par Louis XVI ou par le peuple, fonctions
nées en quelque sorte l'une de l'autre et acquises avant l'époque où l'orgueil progressif
de Buonaparte parût donner du prix aux courbettes.

Ces fonctions auraient pu m'inspirer l'amour des richesses, et ma fortune est très-bornée.

Elles auraient pu m'inspirer la soif des décorations; et je ne demandai pas même celle, tant prodiguée, de l'ordre de la réunion.

Fonctionnaire public, il ne m'appartenait point de dépouiller mes emplois des hochets de la flatterie. Homme et citoyen, j'ai toujours regardé l'estime de mes semblables comme la seule récompense digne de moi.

Ai-je fait ce qu'il fallait pour l'obtenir ? Mon fils, vous pourrez en appeller à mes actions.

Je fus Procureur-Général-Syndic.

Durant mon administration, quelques paysans s'insurgèrent dans le pays de Sault; ils violèrent notamment les propriétés de M. le marquis de Puyvert. Un instant me suffit pour dissiper l'attroupement, en arrêter les chefs, obtenir la remise des effets volés et rétablir le calme. . . . . De fausses allarmes sur les subsistances agitaient le peuple. Il voulait intercepter la navigation du canal du Midi. Déjà on projettait de briser les vis des écluses. Déjà des malveillans se portaient aux bassins de Lampy et de St.-Ferréol pour détruire ces chefs - d'œuvres , monumens remarquables parmi les mille monumens du siècle de Louis LE GRAND. M. de la Chevrière commandant le régiment de Médoc, et M. Lebrun ancien militaire, alors receveur du canal au port de Foucault, reçurent, exécutèrent mes ordres ; le complot fut déjoué. . . . . Ces mouvemens avortés menacèrent seuls, sous mon administration, la tranquillité de notre département, à une époque où lasse d'un long repos, la discorde promenait partout les poignards de l'assassinat et les torches de l'incendie.

Je ne bornai pas là mes solicitudes. La salubrité publique et l'agriculture, réclamaient le dessèchement de l'étang de Marseillete. Les États du Languedoc, en avaient conçu le projet, mais on s'obstinait à le croire impraticable. Je démontrai combien l'exécution en était facile, en même tems que vaste et avantageuse (1); et le département de l'Aude, assainé, riche d'un surcroit de productions qui s'élève annuellement à 25,000 hectolitres de blé, me doit d'associer mon nom à celui de l'intelligente, de l'opiniâtre, de l'heureuse madame Lawlès (2 .

Je pourrais énumérer encore d'autres projets d'une égale, quoique moins importante utilité, et les atteliers de bienfaisance que je fis établir, et l'économie sévère qui fut introduite par moi dans toutes les branches de l'administration....

Mais je me hâte d'arriver à l'époque où, *membre du conseil des Cinq Cents*, je me dûs tout-à-la-fois à mon département et à la France.

Comme député du département de l'Aude, je ne perdis pas de vue l'objet qui devait tant influer sur sa prospérité. La confection de l'embranchement du Canal du Midy, destiné

______

(1) Mon mémoire sur le desséchement de l'étang de Marseillete, est inséré en forme de réquisitoire dans le procès-verbal imprimé de la session du conseil general du département de l'Aude, de 1792.

(2) Cette dame a entrepris et executé le dessèchement.

à passer sous les murs de Carcassonne, promettait de grands avantages. Mais la pénurie des fonds paralisait les travaux et désolait tous les indigens de la contrée. Sur mes instances, les revenus du Canal furent affectés à cette intéressante entreprise ; et les fonds disponibles excédèrent toujours les besoins journaliers. . . Long-tems après, l'esprit fiscal d'un administrateur des domaines lui ayant suggéré l'idée de faire verser au trésor public les fonds de la caisse du Canal, il fut aisé de voir quelles entraves naîtraient de la difficulté d'obtenir des ordonnances de payement, et dans quelle progression ce mal s'accroîtrait par la lenteur des formalités. Mais personne n'osait exprimer cette pensée à Buonaparte. Je lui fis un mémoire ; et le même jour, il décida qu'une somme de 300,000 francs serait constamment à la disposition du receveur-général, afin de pourvoir aux réparations urgentes.

Comme législateur, je m'occupai surtout de l'administration des finances.

A Dieu ne plaise que je veuille, mon fils, grossir cet écrit de tout ce que j'ai dit, de tout ce que j'ai fait sur ces matières. Mes rapports, mes mémoires existent dans les recueils du tems. Je les donne à lire à mes amis et à mes ennemis. Qu'il vous suffise de trouver ici un aperçu de mes travaux législatifs, sous le directoire et sous le consulat.

Peindre toujours avec vérité la situation des finances, et dénoncer avec courage tous les genres de dilapidation · Ce qui m'a valu des éloges de la part de *sir Francis d'Yvernois*.

Publier sur l'impôt du tabac des recherches que M. M. de *Humbold* et *Bompland* ont mentionnées dans leur *essai politique sur le Mexique*.

Classer avec ordre les dépenses générales „ départementales et communales, en déterminant avec précision un mode avantageux d'imposition et de comptabilité.

Procurer aux hospices les revenus d'un impôt sur les billets de spectacle, aux communes la ressource des octrois de bienfaisance, à l'État l'utilité de la régie des contributions indirectes : Tous impôts dont l'idée première est saine, quoi qu'un gouvernement qui poussait tout à l'excès en ait abusé, puisqu'un gouvernement paternel les a conservés avec les modifications consacrées dès l'origine ou indiquées par l'expérience.

Tracer une nouvelle organisation de l'intéressante administration des ponts et chaussées,
et la co-ordonner avec des réductions, des
économies qui lui imprimaient plus d'ensem-
ble et plus d'activité.

Opposer une résistance énergique aux réso-
lutions du directoire ainsi que des commis-
sions forestière et des finances qui voulaient
obstinément la vente de 15 millions de super-
ficie de bois de haute futaie : Opération désas-
treuse, puisqu'elle absorbait nos dernières
ressources pour la marine et les grandes cons-
tructions.

Réclamer le rétablissement des rentes fon-
cières quoique mélangées de féodalité, en osant
dire dans une opinion qui fut reimprimée sur
plusieurs points *qu'il n'était pas possible que
le reneur fut dispensé de payer la rente qui
formait le prix de la concession du fonds,
sous le prétexte que la féodalité était abolie ;
en osant dire qu'il n'était pas au pouvoir des
législateurs de disposer ainsi arbitrairement
des propriétés de l'Etat et des citoyens ; en
osant dire que ce serait une véritable dé ré-
dation, un abus de pouvoir et de confiance*

dont la nation ne manquerait pas un jour de demander un compte sévère à ses délégués....

Tels furent mes principes, mes opinions et ma conduite.

Je dis ma conduite, car malheur à l'homme public dont les actions ne sont pas en harmonie avec les discours ! Malheur à l'homme public qui subordonne les grandes vues de l'intérêt général aux vues étroites de l'intérêt privé ! Je n'avais point à craindre cet écueil lorsque dans l'intérêt de l'Etat et dans celui du droit sacré de la propriété, je votai le rétablissement des rentes. Voici, mon fils, quelle était alors ma position : D'un côté j'avais racheté les rentes auxquelles mes biens étaient assujettis, et de l'autre j'avais renoncé gratuitement à celles qui m'étaient dues à raison des accensemens que j'avais faits moi-même de quelques parties trop éloignées des bâtimens ruraux. Ainsi ma conduite était en rapport avec mes actions et en même tems on ne pouvait m'attribuer aucun intérêt personnel.

C'est à la sagesse de cette conduite que je raportai l'honneur *d'étre appelé au tribunat,* après le 18 brumaire.

Le crédit dont je jouissais déjà, s'accrut par les témoignages de confiance que me prodiguèrent mes nouveaux collégues (1).

Mon fils, demandez à mes compatriotes l'usage que j'ai fait de ce crédit tant envié ?

Membre du conseil des Cinq-Cents j'avais notoirement préservé mon pays de l'application de la loi des otages, sollicitée par quelques démagogues de la contrée. Tribun, je continuai à faire éliminer de la liste de proscription la plupart des émigrés du département de l'Aude. Je fus même assez heureux pour procurer à quelques-uns leur rentrée dans des domaines considérables, déjà affectés à des établissemens publics. Quant aux biens aliénés, je provoquai des arrangemens entre les anciens propriétaires et les acquéreurs : Ce ne furent pas là les seuls actes de mon obligeance qui, j'ose le dire, a été inépuisable ; combien

―――――――――

(1) Je n'en citerai qu'un seul. Au mois d'avril 1806, je fus reélu candidat pour la presidence, a l'unanimité des votes, ce qui est sans exemple dans les assemblées des grands corps de l'État; le tribunat avait, suivant l'usage, procedé à cette election au scrutin secret. J'avais cédé le fauteuil et n'étais point present à la séance.

d'emplois civils et militaires n'ai-je pas fait accorder, combien de services de toute espèce n'ai-je pas rendus ? Non, jamais l'occasion d'être utile à mon pays natal ou à ses habitans ne s'est offerte à moi, que je ne l'aie saisie avec délices.

Cependant, ô mon fils, parmi ceux que j'ai servis avec zèle, défendus avec chaleur, comblés de mes bienfaits, l'ingratitude a trouvé mes plus grands ennemis. Avec quelle audace et quelle mauvaise foi ils se sont empressés de me peindre des couleurs du jour les plus défavorables, en même tems qu'ils se sont donnés celles du royalisme le plus pur?

J'ai été aussi en butte aux traits de quelques écrivains obscurs.

Le dictionnaire des *Girouettes*, celui des Protées modernes et la Macédoine révolutionnaire ont dit, d'après l'histoire secrette du cabinet de Napoléon Buonaparte, par Lewis Goldsmith, que j'avais comparé la mère de Buonaparte *à la mère du Christ*. Ils m'ont attribué cette phrase · « La conception que « vous avez eue en portant dans votre sein « le grand Napoléon, n'a été assurément « qu'une inspiration divine. » La Macédoine

Indique même quelle extrait ce passage du Moniteur du. . . . . . . .1810.

Or, vous observerez, mon fils, que cette coupable lacune qui laisse incertains le mois, le jour, le n°. du Moniteur, n'est pas de moi; elle appartient aux auteurs de *la Macédoine*.

Vous observerez que ce passage d'un discours que j'aurais prononcé comme président du tribunat, serait extrait d'une feuille de 1810, d'où le lecteur doit conclure que le discours fut prononcé en effet en 1810. Mais le tribunat n'existait plus depuis 1807 !

Vous observerez que tout discours rédigé au nom du tribunat, lui était soumis avant d'être prononcé, et vous jugerez si, sans qu'il me convienne de parler ici de mon propre discernement, le tribunat composé d'hommes si éclairés, aurait sanctionné une phrase lâche, impie, inepte !

Vous observerez, enfin, que les libellistes font allusion sans doute au discours que j'adressai à madame Buonaparte, en sa qualité de protectrice des sœurs de la Charité et des sœurs Hospitalières. Mais ce discours est imprimé textuellement dans le journal des Débats, n°. du 13 germinal an 13; et on n'y lit pas

un mot du passage qu'on m'a prêté; et ce
discours n'est remarquable que par des idées
philantropiques que la religion et la morale
avouront dans tous les tems !

, Quel siècle que celui où sans examen, sans
scrupule, des écrivains français s'évertuent à
calomnier des français , sur la foi d'un pirate
de librairie , d'un mercenaire étranger !

Ils ne feront pas oublier que j'eus l'honneur
de présider long-tems le seul corps de l'État
où ait été organisé, dès le principe, un vi-
goureux systême d'opposition et de résistance
aux entreprises de Buonaparte, le seul corps
de l'État qui n'ait pas attendu les désastres de
Moscou et la défaite de Leipsick pour s'élever
contre les envahissemens du dispotisme.

Ils objecteront que JE FUS SÉNATEUR : et peut-
être, le sénat a-t-il mérité quelques-uns des re-
reproches qui lui furent adressés. Aussi
n'alléguerai-je point que son organisation, ses
prérogatives, ses réglemens, l'âge avancé de
la plupart de ses membres se comportaient par
une énergie semblable à celle déployée par le
tribunat. Aussi n'alléguerai-je point que la résistance avait ses dangers, qu'il était sage de
céder a celui à qui tout cédait alors, qu'une

autre conduite aurait amené, avec une plus effrayante dictature, la dissolution de ce corps destiné à prononcer un jour sur Buonaparte. Je n'écris ni l'histoire des derniers tems, ni l'apologie d'une corporation. Je me borne à vous dire que lorsque j'entrai au sénat, les grandes atteintes, à la constitution de l'an 8, étaient déjà portées, les grandes usurpations étaient commises, de grandes fautes présageaient des revers prochains.

Mais j'étais au sénat, moi 63e, le jour où cet Empereur du Nord qui occupant la France en ennemi, la traitait en allié, nous constitua arbitres des destinées futures du peuple français. Je signai l'acte du 1er. avril 1814 : et dans ce moment solennel, ne perdant point de vue les premiers intérêts de la patrie, j'indiquai, par une motion d'ordre, les bases constitutionnelles que j'ai eu l'orgueil de retrouver dans la mémorable déclaration de Saint-Ouën.

Appelé aussitôt à faire partie de la commission chargée de faire un rapport sur le projet de constitution, présenté par le gouvernement provisoire, je proposai, entre autres additions, toutes importantes, toutes

adoptées à l'unanimité, l'abolition de la confiscation des biens Alors je ne pouvais que
rappeler les désordres, l'esprit de dénon-
ciation, l'immoralité, les crimes nés de la
confiscation, sous Tibère, Néron et Robers-
pierre. Aujourd'hui j'ai pour moi le suffrage
d'un prince éminemment éclairé. Je ne lui
ai point apris ce que de longues méditations
lui avaient révélé ; mais il m'est doux de pouvoir dire que j'ai deviné la noble pensée du
monarque,

Aussi daigna-t-il me tenir compte des services rendus à mon pays.

J'étais membre de la chambre des Pairs,
lorsque Buonaparte, renouvellant le spectacle
éphémère d'une domination signalée par
tant de fautes et de désastres, me comprit
sur la liste des pairs qu'il signa le 2 juin 1815.
J'acceptai, je proposai même l'adresse d'u-
sage....., ce double tort, dont je ne me dis-
simule pas l'apparente gravité, suffirait-il
pour déshonorer une vie si constamment ho-
norable ?... Non, mon fils.

La position difficile où je me trouvais, l'im-
minence des évènemens politiques, le motif
qui m'animait, ma conduite en juin et

juillet 1815, tout me promet une justice qui, si elle est tardive, n'en sera que plus éclatante.

Pour hâter ce moment, je ne parlerai point de ceux qui suivirent la même marche, qui ont obtenu un généreux oubli, dont la condition actuelle répond éloquemment à de trop amères censures.

Votre père s'occupe de lui seul.

Il serait coupable, s'il eut sollicité de Buonaparte une pairie d'un mois.

Il serait insensé, s'il l'eut sollicitée, alors que le vaste développement de la coalition et la fausseté démontrée des alliances de Buonaparte, ne laissaient aucun doute sur le dénouement.

Mais quand cette pairie non sollicitée me fut décernée à moi l'un des signataires de cet acte du 1er avril 1814, qui renversa le gouvernement de Buonaparte, à moi l'un des sept collaborateurs de cet autre acte, par lequel LOUIS XVIII fut proclamé..... pouvais-je la refuser ?

Les plus grands dangers n'étaient-ils pas à côté de ce refus ?

Ce refus offrait-il une utilité réelle ?

Que ceux qui furent assez favorisés pour accompaguer sa Majesté, que ceux qui restés dans leur terres y furent oubliés, s'énorgueillissent! Je ne viens pas troubler leurs joies ; ils conviendront du moins que ma position était différente.

C'était même peu des dangers du refus.

N'avais-je point devant les yeux celui d'une vengeance dont le sentiment agissait contre moi dans une ame ulcérée ? Buonaparte ne s'en était point caché, dans la soirée du 2 juin, à l'Elisée-Bourbon Ses propos me furent rapportés et me firent regarder ma nomination, moins comme une grâce que comme un piège qui m'était tendu. Pour l'éviter au moins en partie, je cédai à des conseils dictés par la prudence et par la sagesse. Je proposai l'adresse dès le 3 juin, c'est-à-dire avant l'ouverture de la session, avant le discours d'ouverture auquel elle devait servir de réponse, avant l'époque où elle aurait du être proposée; circonstance remarquable qui prouve assez combien les propos tenus la veille influaient sur ma démarche. Mais je me bornai à une simple proposition, point de discours préalable, point d'éloges, point de lieux com-

muns : et cette retenue me valut une distinction
unique , celle d'être exclu de la commission ,
chargée de rédiger l'adresse que j'avais proposée.

On soupçonnait mes véritables sentimens ,
je ne le cachai plus dans nos conférences se-
crètes; ils éclatèrent aux séances publiques des
1er. et 5 juillet 1).

Je m'opposai à l'adoption d'une adresse par
laquelle Napoléon II était proclamé, la soute-
nant *contraire aux grands interéts de la
patrie.*

Je m'opposai au message par lequel M^r.
Thibaudeau voulait exiger de la commission
exécutive certaines explications

La fortune et la volonté nationale, m'écriai-
je, « se sont prononcées contre la lutte engagée
« pour soutenir sur le trône *la famille de
« Buonaparte.* . . . Quand aux explications
« que vous demandez sur ce que le Gouver-
« nement paraît entendre par la volonté na-
« tionale, il vous a donné communication,
« disais-je à M^r. Thibaudeau, de l'état actuel de

---

(1) Le journal général de France est celui qui a rendu
avec le plus d'exactitude la séance du 5 juillet 1815.

« la France. Il vous a déclaré que *des insurrec-*
« *tions royalistes* avaient éclatées dans une
« grande partie du territoire, que *la cocarde*
« *blanche* avait été arborée, que *le drapeau*
« *blanc* avait été substitué au drapeau tricolore.
« Ces faits peuvent-ils laisser des doutes sur les
« sentimens qui animent dans ce moment une
« grande partie des communes de la France ?
« vous demandez que le Gouvernement expli-
« que les garanties qu'il vous annonce . . . . Ces
« garanties ne sont-elles pas dans nos cons-
« titutions , dans nos lois , dans le systême
« représentatif, enfin dans la sagesse et dans
« LA MODÉRATION DU PRINCE QUI VA NOUS
» GOUVERNER ? »

Mon fils , voilà mes dernières paroles ,
comme homme public (6) elles furent utiles
à la patrie, elles imprimèrent à la majorité
éclairée de la chambre un élan , comprimé
jusques là par quelque factieux .Elles me mon-
trèrent tel que je fus toujours, ardent , peut-être
habile à saisir les occasions favorables de plai-

---

(1) Une ordonnance Royale du 24 juillet 1815, a déclaré *demissionnaires* de la dignité de pair, tous ceux
qui avaient siegé dans la chambre des pairs de Buonaparte.

der avec fruit la cause de la France et celle des Bourbons.

Ces deux causes sont désormais inséparables.

Vous les servirez, mon fils,

Ma conduite vous fournira de précieux exemples.

Et la mesure générale dans laquelle j'ai été envelopé ne refroidira point votre patriotisme.

Quand on travaille pour son Prince et pour son pays, on ne doit considérer ni le moment présent, ni l'intérêt personnel.

Le Cte. FABRE de l'Aude.

Paris, le 1er. mai 1816.